KB195317

알파벳
따라쓰기

알파벳 따라쓰기

펴낸날 2025년 1월 5일
엮은이 정희경
펴낸이 배태수 ___펴낸곳 신라출판사
등록 1975년 5월 23일
전화 032)341-1289 ___팩스 02)6935-1285
주소 경기도 부천시 소사구 범안로 95번길 32
디자인 DesignDidot 디자인디도

ISBN 978-89-7244-168-7   13740

알파벳 따라쓰기

정희경 엮음

신라출판사

이 책의 구성

✭ 영어 알파벳이란 ?

✭ 알파벳 읽기와 쓰기

✦ 단어 쓰기와 문장 쓰기

✦ 영어의 발음

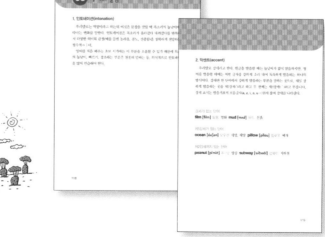

차례

알파벳이란 이름은 영어에서 사용되는 문자(a, b, c … x, y, z)로서 자음 (BCDFGHJKLMNPQRSTVWXYZ) 21자와 모음(AEIOU) 5자를 합쳐 총 26 자로 단어를 만들어 쓰는데 이를 알파벳(alphabet)이라 부른다. 모든 단어들은 알파벳의 결합으로 이루어진 것이다. 예를 들면 j, o, y를 합치면 joy(기쁨)란 단 어가 되고, 영어사전에서 단어를 찾을 때, 대괄호 [ ]에 들어있는 것을 발음 기호 라고하며 알파벳과 다르게 소리가 난다. 예를 들어 구급차는 알파벳 ambulance 이며 이것을 발음하기 위해서 [ǽmbjuləns]라는 발음기호가 필요하다. 알파벳은 우리나라의 한글과 같은 소리글자여서 우리말을 알파벳으로 표기할 수도 있다.

알파벳은 다음과 같이 26자로 이루어지고, 한글과 다르게 각각의 글자마다 크 기와 모양이 다른 인쇄체 대문자, 소문자와 필기체 대문자, 소문자로 네 가지 종 류가 있다.

인쇄체 대문자

A B C D E F G H I J K L M N O P Q R S T U V W X Y Z

인쇄체 소문자

a b c d e f g h i j k l m n o p q r s t u v w x y z

필기체 대문자

A B C D E F G H I J K L M N O P Q R S T U V W X Y Z

필기체 소문자

a b c d e f g h i j k l m n o p q r s t u v w x y z

한글을 영어로 표기하기

아	야	어	여	오	요	우	유	으	이
a	ya	eo	yeo	o	yo	u	yu	eu	i

가	갸	거	겨	고	교	구	규	그	기
ga	gya	geo	gyeo	go	gyo	gu	gyu	geu	gi
나	냐	너	녀	노	뇨	누	뉴	느	니
na	nya	neo	nyeo	no	nyo	nu	nyu	neu	ni
다	댜	더	뎌	도	됴	두	듀	드	디
da	dya	deo	dyeo	do	dyo	du	dyu	deu	di
라	랴	러	려	로	료	루	류	르	리
la	lya	leo	lyeo	lo	lyo	lu	lyu	leu	li
마	먀	머	며	머	묘	무	뮤	므	미
ma	mya	meo	myeo	mo	myo	mu	myu	meu	mi
바	뱌	버	벼	보	뵤	부	뷰	브	비
ba	bya	beo	byeo	bo	byo	bu	byu	beu	bi
사	샤	서	셔	소	쇼	수	슈	스	시
sa	sya	seo	syeo	so	syo	su	syu	seu	si
자	쟈	저	져	조	죠	주	쥬	즈	지
ja	jya	jeo	jyeo	jo	jyo	ju	jyu	jeu	ji
차	챠	처	쳐	초	쵸	추	츄	츠	치
cha	chya	cheo	chyeo	cho	chyo	chu	chyu	cheu	chi
카	캬	커	켜	코	쿄	쿠	큐	크	키
ka	kya	keo	kyeo	ko	kyo	ku	kyu	keu	ki
타	탸	터	텨	토	툐	투	튜	트	티
ta	tya	teo	tyeo	to	tyo	tu	tyu	teu	ti
파	퍄	퍼	펴	포	표	푸	퓨	프	피
pa	pya	peo	pyeo	po	pyo	pu	pyu	peu	pi
하	햐	허	혀	호	효	후	휴	흐	히
ha	hya	heo	hyeo	ho	hyo	hu	hyu	heu	hi

영어공부의 시작은 알파벳을 써보는 것으로 시작한다 할 수 있다. 한글과는 다르게 영어는 알파벳에 따라 높낮이가 다르기 때문에 4선지에서 쓰기 연습을 해야 하는 것이다.

※ a, c, e, i, m, n, o, r, s, u, v, w, x, z는 중앙에 위치한다

예

※ b, d, f, h, k, l, t는 중앙과 윗 칸을 위치한다.

예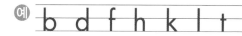

※ g, j, p, q, y는 중앙과 아랫 칸을 위치한다.

예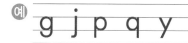

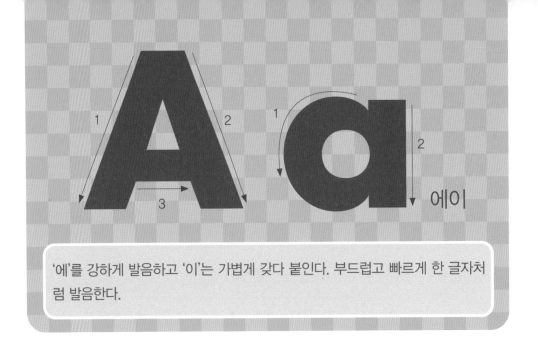

에이

'에'를 강하게 발음하고 '이'는 가볍게 갖다 붙인다. 부드럽고 빠르게 한 글자처럼 발음한다.

 **airplane** 에어플레인 비행기

 **animal** 애너멀 동물

 **apple** 애플 사과

A A A A A A A A A

a a a a a a a a a

𝑎 𝑎 𝑎 𝑎 𝑎 𝑎 𝑎 𝑎

𝑎 𝑎 𝑎 𝑎 𝑎 𝑎 𝑎 𝑎 𝑎 𝑎

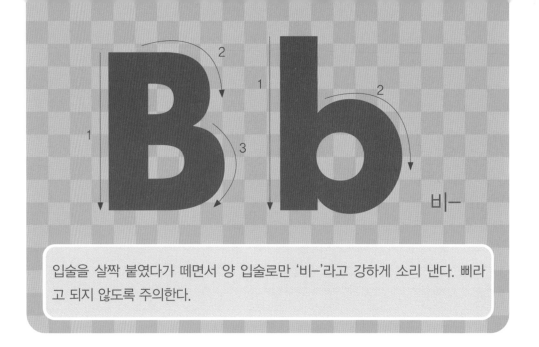

비-

입술을 살짝 붙였다가 떼면서 양 입술로만 '비-'라고 강하게 소리 낸다. 삐라고 되지 않도록 주의한다.

bear 베어 곰

bench 벤취 벤치, 긴 의자

bird 버-드 새

B B B B B B B B B

b b b b b b b b b

B B B B B B B B

b b b b b b b b b b

씨—

'씨'를 강하게 소리 내되, '쓰이'를 한 번에 빠르게 발음하는 식으로 한다.

 **camera** 캐머러 카메라

 **chair** 췌어 의자

 **chicken** 취킨 닭, 병아리

C C C C C C C C C

C C C C C C C C C

C C C C C C C C C

c c c c c c c c c c

디-

윗니 뒤쪽에 혀끝를 가볍게 댔다가 떼면서 '디-'라고 강하게 발음한다.

 **desk** 데스크 책상

 **dinosaur** 다이너소 공룡

 **dolphin** 달핀 돌고래

D D D D D D D D D

d d d d d d d d d

D D D D D D D

d d d d d d d d d

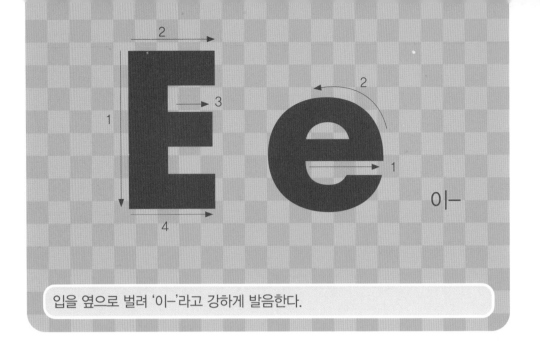

이-

입을 옆으로 벌려 '이-'라고 강하게 발음한다.

eagle 이-걸 독수리

elephant 엘러펀트 코끼리

exit 엑싯 출구

E E E E E E E E E E

e e e e e e e e e e e

Ɛ Ɛ Ɛ Ɛ Ɛ Ɛ Ɛ Ɛ

e e e e e e e e e e e e

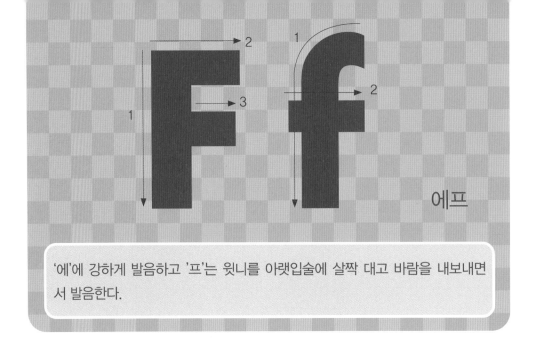

에프

'에'에 강하게 발음하고 '프'는 윗니를 아랫입술에 살짝 대고 바람을 내보내면서 발음한다.

 **farmer** 파-머 농부

 **fish** 피쉬 물고기

 **football** 풋보-올 축구

F F F F F F F F F F

f f f f f f f f f f

F F F F F F F F F

f f f f f f f f f f f

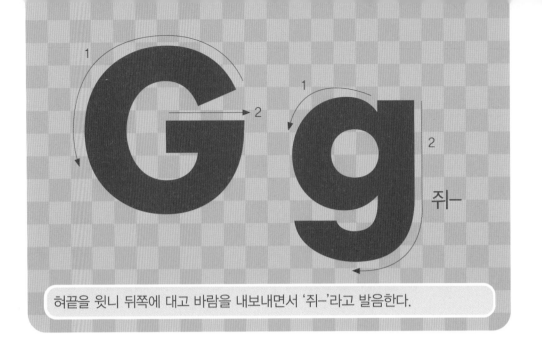

쥐-

혀끝을 윗니 뒤쪽에 대고 바람을 내보내면서 '쥐-'라고 발음한다.

gift 기프트 선물

giraffe 쥐래프 기린

grape 그레이프 포도

G G G G G G G G

g g g g g g g g g

𝒢 𝒢 𝒢 𝒢 𝒢 𝒢 𝒢 𝒢

g g g g g g g g g g

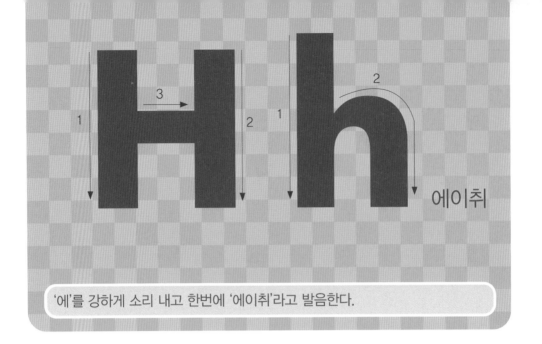

에이취

'에'를 강하게 소리 내고 한번에 '에이취'라고 발음한다.

handle 핸들 손잡이

hiking 하이킹 하이킹, 도보여행

hour 아우어 시간, 시각

H H H H H H H H H

h h h h h h h h h

H H H H H H H H H

h h h h h h h h h

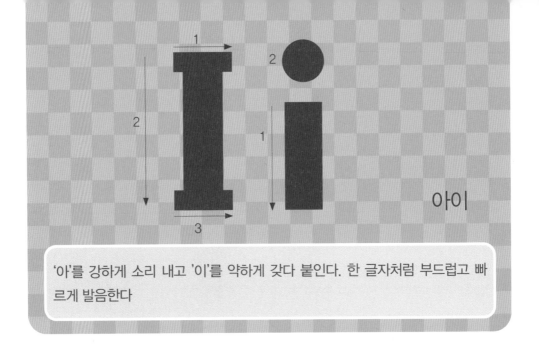

아이

'아'를 강하게 소리 내고 '이'를 약하게 갖다 붙인다. 한 글자처럼 부드럽고 빠르게 발음한다

ice cream 아이스크리–임
아이스크림

ink 잉크 잉크

island 아일런드 섬

I I I I I I I I I

I I I I I I I I I

l l l l l l l l l l

i i i i i i i i i i i i

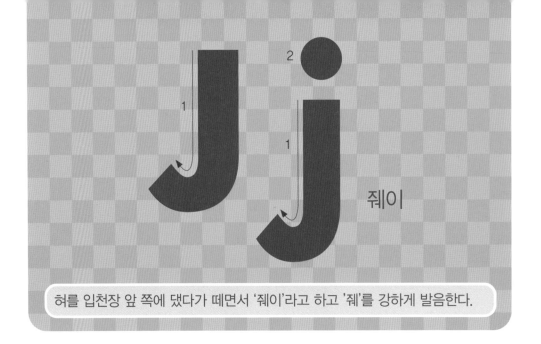

쥐에이

혀를 입천장 앞 쪽에 댔다가 떼면서 '쥐에이'라고 하고 '쥐에'를 강하게 발음한다.

jacket 재킷 웃옷, 재킷

juice 쥬-스 주스

joy 조이 기쁨

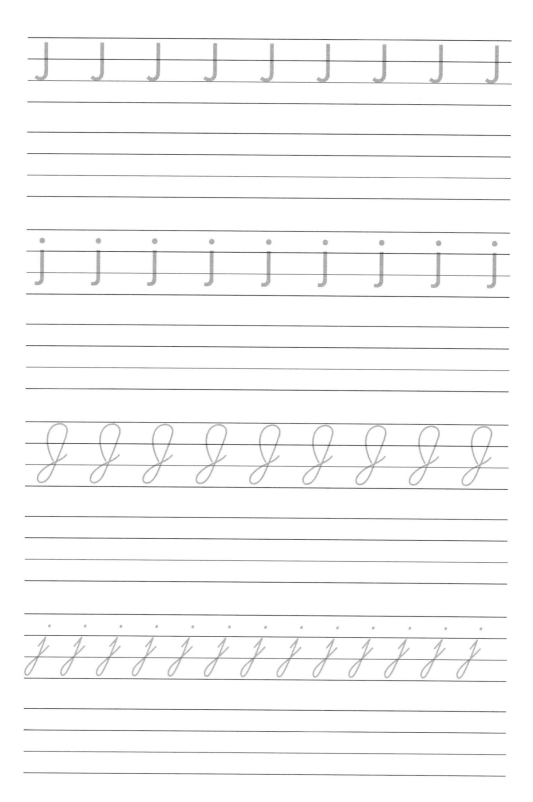

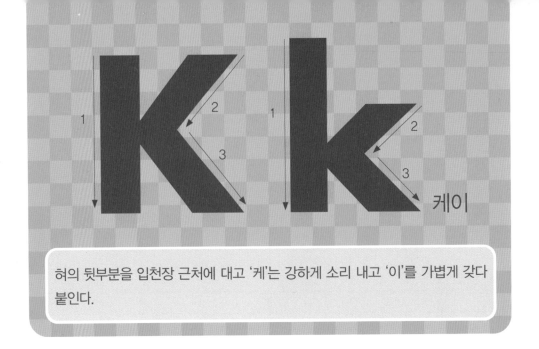

케이

혀의 뒷부분을 입천장 근처에 대고 '케'는 강하게 소리 내고 '이'를 가볍게 갖다 붙인다.

kangaroo 캥거루– 캥거루

kid 킷 아이

knife 나이프 칼

K K K K K K K K

k k k k k k k k

K K K K K K K K

k k k k k k k k k

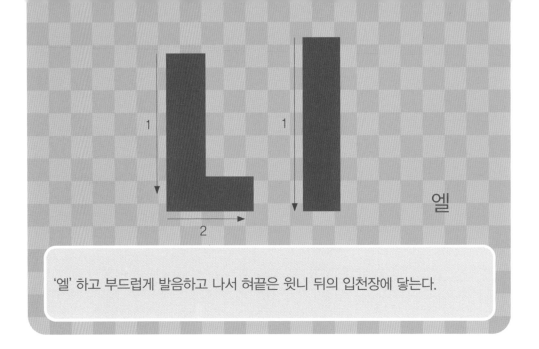

엘

'엘' 하고 부드럽게 발음하고 나서 혀끝은 윗니 뒤의 입천장에 닿는다.

 **lamp** 램프 등불, 램프

 **leaf** 리-프 잎, 나뭇잎

 **like** 라이크 좋아하다

엠

'에'에 힘을 주어 발음하고 'ㅁ'은 입을 다물고 콧소리가 나도록 한다.

magic 매쥑 마법, 요술

money 머니 돈

mountain 마운트-언 산

MMMMMMMMM

mmmmmmmmm

𝑚 𝑚 𝑚 𝑚 𝑚 𝑚 𝑚

𝑚 𝑚 𝑚 𝑚 𝑚 𝑚 𝑚 𝑚

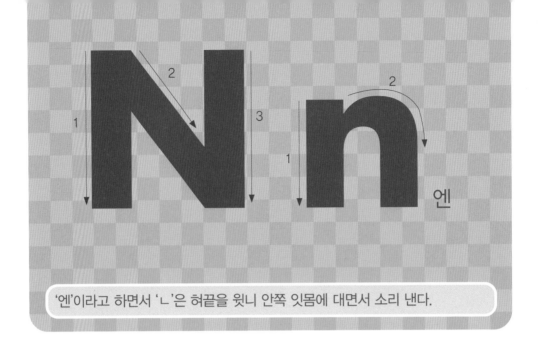

'엔'이라고 하면서 'ㄴ'은 혀끝을 윗니 안쪽 잇몸에 대면서 소리 낸다.

night 나이트 밤

nose 노즈 코

number 넘버- 수, 숫자, 번호

N N N N N N N N

n n n n n n n n

𝑛 𝑛 𝑛 𝑛 𝑛 𝑛 𝑛 𝑛 𝑛

𝑛 𝑛 𝑛 𝑛 𝑛 𝑛 𝑛 𝑛 𝑛

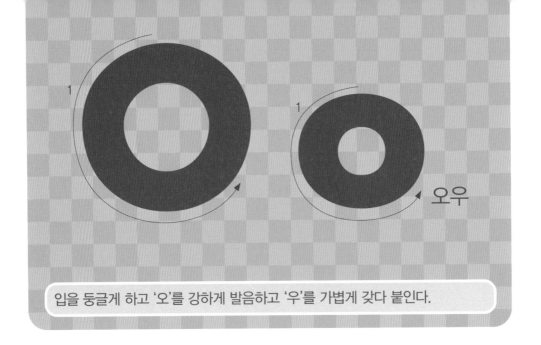

오우

입을 둥글게 하고 '오'를 강하게 발음하고 '우'를 가볍게 갖다 붙인다.

 **one** 원 1, 하나

 **order** 오-더 명령, 주문

 **orange** 오린쥐 오렌지

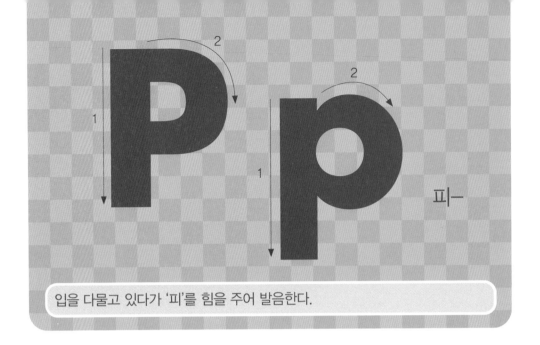

피-

입을 다물고 있다가 '피'를 힘을 주어 발음한다.

park 파-크 공원

phone 포운 전화(기)

police 펄리-스 경찰

P P P P P P P P

p p p p p p p p p

p p p p p p p p p p

p p p p p p p p p

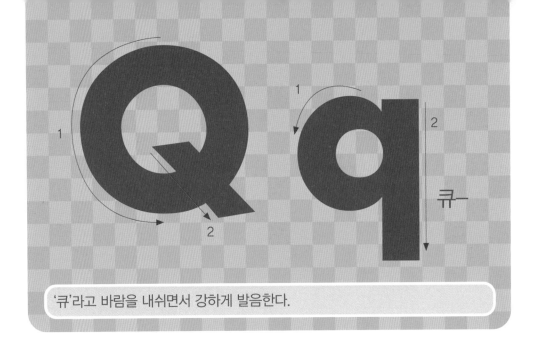

큐ㅡ

'큐'라고 바람을 내쉬면서 강하게 발음한다.

quarter 쿼ㅡ터 4분의 1, 15분

quickly 퀴클리 빠르게, 빨리

quiet 콰이엇 조용한

Q Q Q Q Q Q Q Q

q q q q q q q q q q

2 2 2 2 2 2 2 2

q q q q q q q q q q

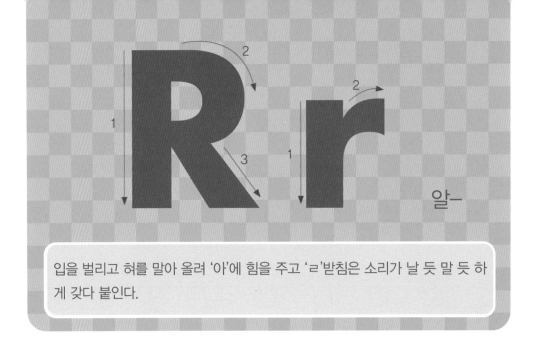

알_

입을 벌리고 혀를 말아 올려 '아'에 힘을 주고 'ㄹ'받침은 소리가 날 듯 말 듯 하게 갖다 붙인다.

rabbit 래빗 토끼

rain 레인 비

road 로우드 길, 도로

R R R R R R R R R

r r r r r r r r r

R R R R R R R R R

r r r r r r r r r

S s

에스

'에'를 강하게 발음하고 '스'를 가볍게 갖다 붙인다. '에쓰'가 되지 않도록 주의
한다.

spring 스프링 봄

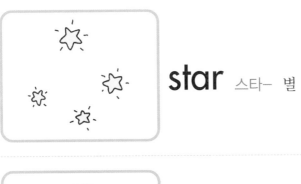

star 스타- 별

spoon 스푸-운 숟가락

S S S S S S S S

S S S S S S S S S

S S S S S S S S

1 1 1 1 1 1 1 1 1 1

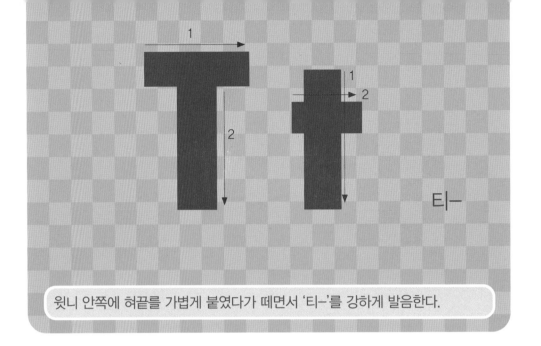

티-

윗니 안쪽에 혀끝를 가볍게 붙였다가 떼면서 '티-'를 강하게 발음한다.

 **tail** 테일 꼬리

 **tent** 텐트 천막, 텐트

 **textbook** 텍스트북 교과서

T T T T T T T T T

t t t t t t t t t

T T T T T T T T T T

t t t t t t t t t t

U u

유-

입을 동그랗게 앞으로 내밀고 '유'에 힘을 주어 발음한다.

 **umbrella** 엄브렐러 우산

 **uncle** 엉컬 아저씨, 삼촌

 **upstairs** 업스테어즈 위층에, 2층

U U U U U U U U U

U U U U U U U U U

𝓤 𝓤 𝓤 𝓤 𝓤 𝓤 𝓤 𝓤

𝓾 𝓾 𝓾 𝓾 𝓾 𝓾 𝓾 𝓾 𝓾 𝓾

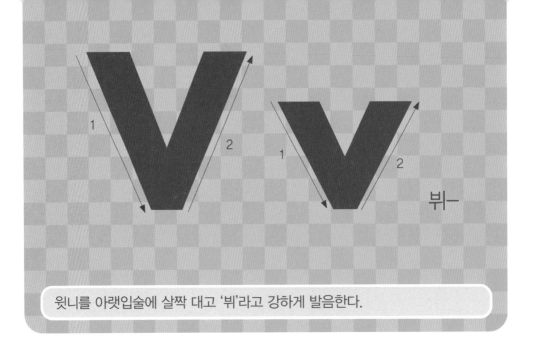

윗니를 아랫입술에 살짝 대고 '뷔'라고 강하게 발음한다.

vase 베이스 (꽃)병

vegetable 베쥐터벌 야채

village 빌리쥐 마을

V V V V V V V V V

V V V V V V V V V

𝒱 𝒱 𝒱 𝒱 𝒱 𝒱 𝒱 𝒱 𝒱

𝓋 𝓋 𝓋 𝓋 𝓋 𝓋 𝓋 𝓋 𝓋 𝓋

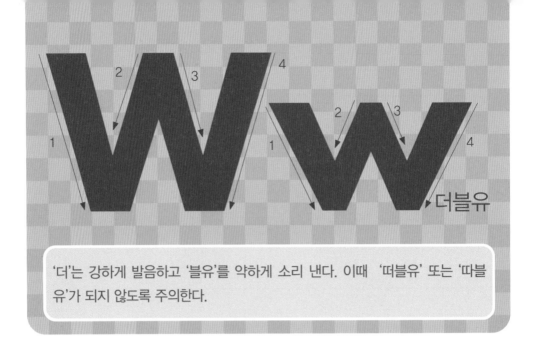

‘더’는 강하게 발음하고 '블유'를 약하게 소리 낸다. 이때 ‘떠블유’ 또는 ‘따블유’가 되지 않도록 주의한다.

water 워-터- 물

weather 웨더- 날씨, 기후

wolf 울프 늑대

WWWWWWWW

WWWWWWWW

WWWWWWW

UUUUUUUUU

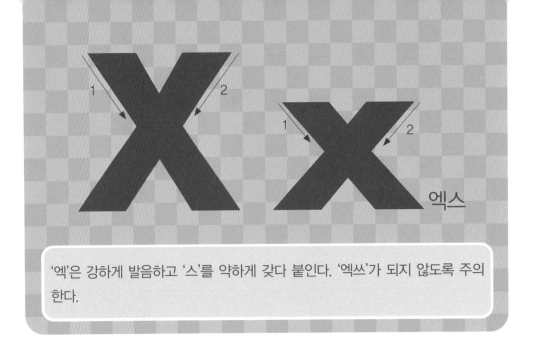

엑스

'엑'은 강하게 발음하고 '스'를 약하게 갖다 붙인다. '엑쓰'가 되지 않도록 주의
한다.

X-ray 엑스레이 엑스선, 뢴트겐 사진

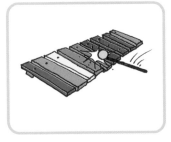

xylophone 자일러포운
실로폰, 목금

X X X X X X X X X

X X X X X X X X X

𝒳 𝒳 𝒳 𝒳 𝒳 𝒳 𝒳 𝒳

𝓍 𝓍 𝓍 𝓍 𝓍 𝓍 𝓍 𝓍 𝓍

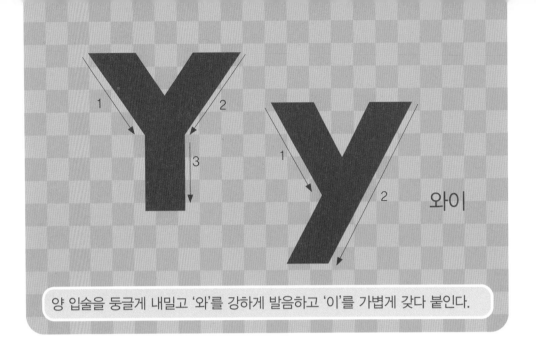

양 입술을 둥글게 내밀고 '와'를 강하게 발음하고 '이'를 가볍게 갖다 붙인다.

year 이어- 연(年), 해

young 영 젊은, 어린

yellow 옐로우 노랑

Y Y Y Y Y Y Y Y Y

y y y y y y y y y

Y Y Y Y Y Y Y Y Y

y y y y y y y y y y

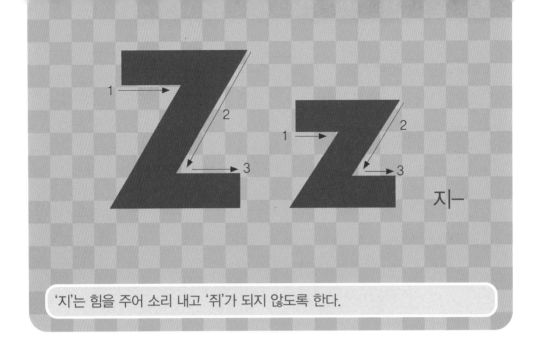

'지'는 힘을 주어 소리 내고 '쥐'가 되지 않도록 한다.

 **zebra** 지-브러 얼룩말

 **zero** 지-어로우 제로, 영(0)

 **zoo** 주- 동물원

Z Z Z Z Z Z Z Z Z Z

Z Z Z Z Z Z Z Z Z Z

z z z z z z z z z z

z z z z z z z z z z

airplane 에어플레인 비행기

airplane

airplane

animal 애너멀 동물

animal

animal

apple 애플 사과

apple

apple

bear 베어 곰

bear

bear

bench 벤취 벤치, 긴 의자

bench

bench

bird 버-드 새

bird

bird

camera 캐머러 카메라

camera

camera

chair 췌어 의자

chair

chair

chicken 취킨 닭, 병아리

chicken

chicken

desk 데스크 책상

desk

desk

dinosaur 다이너소 공룡

dinosaur

dinosaur

dolphin 달핀 돌고래

dolphin

dolphin

eagle 이-걸 독수리

eagle

eagle

elephant 엘러펀트 코끼리

elephant

elephant

exit 엑싯 출구

exit

exit

farmer 파-머 농부

farmer

farmer

fish 피쉬 물고기

fish

fish

football 풋보-올 축구

football

football

gift 기프트 선물

gift

gift

giraffe 쥐래프 기린

giraffe

giraffe

grape 그레이프 포도

grape

grape

handle 핸들 손잡이

handle

handle

hiking 하이킹 하이킹, 도보여행

hiking

hiking

hour 아우어 시간, 시각

hour

hour

ice cream 아이스크리-임 아이스크림

ice cream

ice cream

ink 잉크 잉크

ink

ink

island 아일런드 섬

island

island

jacket 재킷 웃옷, 재킷

jacket

jacket

juice 쥬-스 주스

juice

juice

joy 조이 기쁨

joy

joy

kangaroo 캥거루- 캥거루

kangaroo

kangaroo

kid 킷 아이

kid

kid

knife 나이프 칼

knife

knife

lamp 램프 등불, 램프

lamp

lamp

leaf 리-프 잎, 나뭇잎

leaf

leaf

like 라이크 좋아하다

like

like

magic 매쥑 마법, 요술

magic

magic

money 머니 돈

money

money

mountain 마운트-언 산

mountain

mountain

night 나이트 밤

night

night

nose 노즈 코

nose

nose

number 넘버- 수, 숫자, 번호

number

number

one 원 1, 하나

one

one

order 오-더 명령, 주문

order

order

orange 오린쥐 오렌지

orange

orange

park 파-크 공원

park

park

phone 포운 전화(기)

phone

phone

police 펄리-스 경찰

police

police

quarter 쿼-터 4분의 1, 15분

quarter

quarter

quickly 퀴클리 빠르게, 빨리

quickly

quickly

quiet 콰이엇 조용한

quiet

quiet

rabbit 래빗 토끼

rabbit

rabbit

rain 레인 비

rain

rain

road 로우드 길, 도로

road

road

spring 스프링 봄

spring

spring

star 스타- 별

star

star

spoon 스푸-운 숟가락

spoon

spoon

tail 테일 꼬리

tail

tail

tent 텐트 천막, 텐트

tent

tent

textbook 텍스트북 교과서

textbook

textbook

umbrella 엄브렐러 우산

umbrella

umbrella

uncle 엉컬 아저씨, 삼촌

uncle

uncle

upstairs 업스테어즈 위층에, 2층

upstairs

upstairs

vase 베이스 (꽃)병

vase

vase

vegetable 베쥐터벌 야채

vegetable

vegetable

village 빌리쥐 마을

village

village

water 워-터- 물

water

water

weather 웨더- 날씨, 기후

weather

weather

wolf 울프 늑대

wolf

wolf

X-ray 엑스레이 엑스선, 뢴트겐 사진

X-ray

X-ray

xylophone 자일러포운 실로폰, 목금

xylophone

xylophone

xenon 시논 크세논(비활성 기체 원소)

xenon

xenon

year 이어- 연(年), 해

year

year

young 영 젊은, 어린

young

young

yellow 옐로우 노랑

yellow

yellow

zebra 지-브러 얼룩말

zebra

zebra

zero 지-어로우 제로, 영(0)

zero

zero

zoo 주- 동물원

zoo

zoo

I am a boy.
나는 소년이다

I am a boy.

I am a boy.

Help me! I need to take an ambulance.
도와주세요! 구급차를 타야해요

Help me! I need to take an ambulance.

Help me! I need to take an ambulance.

This is my handbag.

이것은 내 손가방이다

This is my handbag.

This is my handbag.

I like basketball games.

나는 농구 경기를 좋아한다

I like basketball games.

I like basketball games.

The center of the nation is the capital.
그 나라의 중심은 수도이다

The center of the nation is the capital.

The center of the nation is the capital.

He came from China.
그는 중국에서 왔다

He came from China.

He came from China.

What is the date today?

오늘이 며칠이니?

What is the date today?

What is the date today?

Dial the phone number.

그 전화번호로 전화를 걸어라.

Dial the phone number.

Dial the phone number.

I always get up early.
나는 항상 일찍 일어난다.

I always get up early.

I always get up early.

This is an English book.
이것은 영어책이다.

This is an English book.

This is an English book.

She has a lovely face.
그녀는 예쁜 얼굴이다

She has a lovely face.

She has a lovely face.

I want to be a fashion designer.
나는 패션 디자이너가 되고 싶다.

I want to be a fashion designer.

I want to be a fashion designer.

Open the gate!

문을 열어라!.

Open the gate!

Open the gate!

He gave me a birthday gift.

그는 나에게 생일 선물을 주었다

He gave me a birthday gift.

He gave me a birthday gift.

I want to eat a hamburger for lunch.

나는 점심으로 햄버거를 먹고 싶다.

I want to eat a hamburger for lunch.

I want to eat a hamburger for lunch.

You have to study hard.

너는 공부를 열심히 해야 한다.

You have to study hard.

You have to study hard.

Give me two pieces of ice.
얼음과자 두 개 주세요.

Give me two pieces of ice.

Give me two pieces of ice.

I have an interesting book.
나는 재미있는 책을 가지고 있다.

I have an interesting book.

I have an interesting book.

I'll be 10 years old in June.
나는 6월에 10살이 된다.

I'll be 10 years old in June.

I'll be 10 years old in June.

I have just finished my homework.
나는 방금 숙제를 끝냈다.

I have just finished my homework.

I have just finished my homework.

Keep the door shut.

문을 닫아 두세요

Keep the door shut.

Keep the door shut.

I lost my key.

나는 열쇠를 잃어버렸다.

I lost my key.

I lost my key.

His room is large.

그의 방은 크다.

His room is large.

His room is large.

I was late for school.

나는 학교에 지각했다.

I was late for school.

I was late for school.

It is a map of Korea.
그것은 한국 지도이다

It is a map of Korea.

It is a map of Korea.

I want to have more meat.
나는 고기를 더 먹고 싶다.

I want to have more meat.

I want to have more meat.

My name is Alice.
내 이름은 앨리스이다.

My name is Alice.

My name is Alice.

The library is next to the hospital.
도서관은 병원 옆에 있다.

The library is next to the hospital.

The library is next to the hospital.

It's three o'clock now.
지금 세 시이다.

It's three o'clock now.

It's three o'clock now.

Open the door.
문을 열어라.

Open the door.

Open the door.

Let's go out to play in the park.
공원에 놀러 나가자.

Let's go out to play in the park.

Let's go out to play in the park.

We had a Christmas party.
우리는 크리스마스 파티를 했다.

We had a Christmas party.

We had a Christmas party.

I have a question.

나는 질문이 있다.

I have a question.

I have a question.

He did a quick job.

그는 일을 순식간에 했다.

He did a quick job.

He did a quick job.

The rainbow has seven colors.
무지개는 일곱 가지 색이다.

The rainbow has seven colors.

The rainbow has seven colors.

My favorite color is red.
내가 가장 좋아하는 색은 빨간색이다.

My favorite color is red.

My favorite color is red.

I like Bulgogi sandwiches.
나는 불고기 샌드위치를 좋아한다.

I like Bulgogi sandwiches.

I like Bulgogi sandwiches.

We went on a picnic last Saturday.
우리는 지난 토요일에 소풍을 갔다.

We went on a picnic last Saturday.

We went on a picnic last Saturday.

I want to talk to you.
너하고 이야기하고 싶다.

I want to talk to you.

I want to talk to you.

The fruit has a strange taste.
그 과일은 이상한 맛이 난다.

The fruit has a strange taste.

The fruit has a strange taste.

I can't understand you.

나는 너를 이해할 수가 없다

I can't understand you.

I can't understand you.

She teaches us English.

그녀는 우리에게 영어를 가르친다.

She teaches us English.

She teaches us English.

I broke this vase.
내가 이 꽃병을 깨뜨렸다.

I broke this vase.

I broke this vase.

Thank you very much.
매우 감사합니다.

Thank you very much.

Thank you very much.

I usually wake up early.
나는 보통 일찍 일어난다

I usually wake up early.

I usually wake up early.

I always want something new.
나는 언제나 새로운 것을 원한다.

I always want something new.

I always want something new.

Watch out.

(위험해) 조심해라

Watch out.

Watch out.

The early bird catches the worm.

일찍 일어나는 새가 벌레를 잡는다.

The early bird catches the worm.

The early bird catches the worm.

I want to travel around the world.
나는 세계 여행을 하고 싶다.

I want to travel around the world.

I want to travel around the world.

She played the xylophone with her friends.
그녀는 친구들과 실로폰을 연주했다.

She played the xylophone with her friends.

She played the xylophone with her friends.

This is my X-ray.

이것은 내 엑스레이 사진이다.

This is my X-ray.

This is my X-ray.

You are a student.

너는 학생이다.

You are a student.

You are a student.

You should love yourself.
너는 네 자신을 사랑해야 한다.

You should love yourself.

You should love yourself.

We can see a zebra at the zoo.
우리는 동물원에서 얼룩말을 볼 수 있다.

We can see a zebra at the zoo.

We can see a zebra at the zoo.

I went to the zoo last year.

나는 작년에 동물원에 갔다.

I went to the zoo last year.

I went to the zoo last year.

영어의 발음

1. 인토네이션(intonation)

우리말로는 억양이라고 하는데 이것은 문장을 말할 때 목소리의 높낮이에 나타나는 변화를 말한다. 인토네이션은 목소리가 올라갔다 내려갔다를 반복하면서 다양한 의미와 감정(예를 들면 놀라움, 분노, 신중함)을 정확하게 전달하는데 필수적이다.

영어를 처음 배우는 초보 시기에는 이 부분을 소홀할 수 있기 때문에 목소리의 높낮이, 빠르기, 강조하는 부분은 천천히 말하는 등, 의식적으로 인토네이션을 많이 연습해야 한다.

2. 악센트(accent)

우리말로 강세라고 한다. 한글을 발음할 때는 높낮이가 없이 발음하지만, 영어를 발음할 때에는 어떤 글자를 강하게 소리 내어 독특하게 발음하는 하나의 방식이다. 강세란 한 단어에서 강하게 발음하는 부분을 말하는 것으로, 제일 강하게 발음하는 곳을 제1강세(′)라고 하고 두 번째는 제2강세(`)라고 부른다. 강세 표시는 발음기호의 모음글자(a, e, i, o, u)위에 붙여 강세를 나타낸다.

강세가 없는 단어
film [film] 필름 영화 **mud** [mʌd] 머드 진흙

제1강세가 있는 단어
ocean [óuʃən] 오우션 대양, 해양 **pillow** [pílou] 필로우 베개

제2강세까지 있는 단어
peanut [píːnʌt] 피-넛 땅콩 **subway** [sʌ́bwèi] 섭웨이 지하철

3. 발음기호

  영어 단어를 읽기 위해서는 정해진 발음 규칙에 따라 읽게 되는데 이것을 기호로 나타낸 것이 발음기호이다 "a"는 알파벳에서는 '에이'로 읽지만 발음 기호에서는 '아'로 읽는다. 이와 같이 알파벳과 발음 기호는 다르게 소리 난다. 영어 사전에서 단어를 찾을 때 대괄호 [ ]에 들어있는 것을 발음기호라고 한다. 예를 들면 동물의 알파벳은 animal이며 이것을 발음하기 위해서는 [ǽnəməl:애너멀]이라는 발음기호가 필요하다.

1)단모음

  모음이란 발음을 할 때 나오는 공기가 혀나 입, 입천장의 영향을 방해받지 않고 나오는 소리이다. 우리말로 비교하자면 '아 애 이 우 에 오 으…'등 이다.

[ɑ] 아   eye [ɑi] 아이 눈
        five [fɑiv] 파이브 다섯

[æ] 애 address [ǽdrés] 어드레스 주소
       salmon [sǽmən] 새먼 연어

[i] 이 event [ivént] 이벤트 사건
       voice [vɔis] 보이스 목소리

[u] 우 foot [fut] 풋 발
       goal [goul] 고울 골, 목적

[e] 에 age [eidʒ] 에이쥐 나이
       melon [mélən] 멜런 멜론

[ʌ] 어 fun [fʌn] 펀 즐거운 생각, 기쁨, 재미
       glove [glʌv] 글러브 장갑

[ə] 어 crucian [krúːʃən] 크루–션 붕어
       banana [bənǽnə] 버내너 바나나

[ɔ] 오 pond [pɔnd] 폰드 연못
       oil [ɔil] 오일 기름

2)장모음

단모음 뒤에 장음부호[:]로 표시하고 길게 발음한다

[ɑ:] 아–   far [fɑ:r] 파– 멀리
           part [pɑ:rt] 파–트 일부, 부분

[i:] 이–   field [fi:ld] 피–일드 들(판)
           free [fri:] 프리– 자유로운, 한가한

[u:] 우-   food [fu:d] 푸–드 음식
           tuna [tjú:nə] 튜–너 참치

[ɔ:] 오–   fall [fɔ:l] 포–올 가을,떨어지다
           floor [flɔ:r] 플로– (건물의)층

[ə:] 어–   fur [fə:r] 퍼– 모피, 털
           persimmon [pə:rsímən] 퍼–시먼 감

3)이중모음

  이중모음이란 2개의 모음을 하나의 소리처럼 발음하고 첫음은 강하게 발음하고 뒤에 오는 음은 약하게 발음한다.

[ei] 에이   fail [feil] 페일 실패하다
            game [geim] 게임 놀이, 경기

[ɔi] 오이   joy [dʒɔi] 조이 기쁨
            noise [nɔiz] 노이즈 시끄러운 소리

[ai] 아이   fire [fáiər] 파이어 불
            pineapple [páinæpl] 파인애플 파인애플

[au] 아우   how [hɑu] 하우 어떻게
            our [ɑuər] 아워 우리의

[ou] 오우   gold [gould] 고울드 금
            go [gou] 고우 가다

[ɛə] 에어   fair [fɛər] 페어 공평한
            pear [pɛər] 페어 서양배

[uə] 우어 poor [puər] 푸어 가난한
       tour [tuər] 투어 관광

[iə] 이어 India [índiə] 인디어 인도
       sapphire [sǽfɑiər] 새파이어 사파이어

4) 자음

　자음이란 발음을 할 때 나오는 공기가 혀나 입, 입천장의 방해를 받아 부딪히
며 나오는 소리를 발음하는 것을 말한다.
　우리말로 비교하면 'ㄱ ㄴ ㄷ ㄹ ㅁ ㅂ ㅅ…' 등이 있다.

[m] ㅁ film [film] 필름 영화
        mackerel [mǽkərəl] 매커럴 고등어

[n] ㄴ garden [gɑ́:rdn] 가―든 정원, 마당, 뜰
        green [gri:n] 그리―인 녹색

[ŋ] 응　　mango [mǽŋgou] 맹고우　망고
　　　　　greeting [grí:tiŋ] 그리-팅　인사

[f] 프　　face [feis] 페이스　얼굴
　　　　　golf [gɑlf] 골프　골프

[v] 브　　give [giv] 기브　주다
　　　　　have [hæv] 해브　가지고 있다

[l] 르　　eel [i:l] 이일　뱀장어
　　　　　flatfish [flǽtfiʃ] 플랫피쉬　넙치, 가자미

[r] 르　　grape [greip] 그레이프　포도
　　　　　gorilla [gərílə] 고릴러　고릴라

[p] 프　　shrimp [ʃrimp] 쉬림프　작은 새우
　　　　　apple [ǽpl] 애플　사과

[b] 브　　ruby [rú:bi] 루-비　루비
　　　　　zebra [zí:brə] 지-브러　얼룩말

[t] 트　　strawberry [strɔ́:bèri] 스토로-베리　딸기
　　　　　gate [geit] 게이트　문

[d] 드   mandarin [mǽndərin] 맨더린 귤
         glad[glæd] 글래드 기쁜

[θ] 쓰   tthink[θɪŋk] 씽크 생각하다
         three[θri:] 쓰리 셋

[ð] 드   mother [mʌ́ðər] 머더- 어머니
         other [ʌ́ðər] 어더 다른, 그 밖의

[h] 흐   hair [hɛər] 헤어 머리카락
         who [hu:] 후- 누구

[k] 크   carp [ka:rp] 카-프 잉어
         shark [ʃa:rk] 샤-크 상어

[g] 그   example [igzǽmpl] 이그잼플 예, 보기
         finger [fíŋgər] 핑거 손가락

[s] 스   gas [gæs] 개스 가스
         listen [lísn] 리슨 듣다

[z] 즈   glasses [glǽsiz] 글래시즈 안경
         jeans [dʒíːnz] 쥐인즈 (면)바지

[ʃ] 쉬   finish [fíniʃ] 피니쉬 끝내다

            fish [fiʃ] 피쉬 물고기

[ʒ] 쥐   journey [dʒə́ːrni] 줘-니 여행

            orange [ɔ(ː)rindʒ] 오(-)린쥐 오렌지

[tʃ] 취   loach [loutʃ] 로우취 미꾸라지

            cherry [tʃéri] 췌리 버찌, 체리

[dʒ] 쥐   gym [dʒim] 쥠 체육관

            gentle [dʒéntl] 줴틀 온화한, 부드러운